이영철 제10시집

자화상 49

중문

자 화 상 49

이 영 철 제10시집

자서 自序

쎄시봉(C'est si bon)! 멋지게 살자고 다짐하던 때가 있었다. 돌아보니 다양한 사람들과 가졌던 재미있던 순간들이 나를 멋지게 살게 했다는 생각을 한다. 또한 멋지게 산다는 것은 자유로운 영혼을 노래 부르며 사는 것이다. 누구의 잣대에도 휘둘리지 않고 살아가는 나만의 삶을 추구하면서 말이다.

생물학적으로 누구나 오래 사는 세상이 되었다. 우리 아버지 시대만 해도 회갑이 큰 의미가 있어서 가족과 친지를 불러 모아 화려하게 회갑연을 했었다. 9988 123 하더니 이제는 12088 123 한다고 보험회사들이 너도 나도 새 상품으로 우리를 꼬드긴다. 모름지기 산다는 것은 제 정신으로 제 몸뚱아리 스스로 움직이며 건강하게 살아갈 때를 말하는 것이리라.

한 순간에 7학년이 되었다. 옛날 같으면 상노인이지만 요즈음 나이로 환산하니 49세이다. 한창 좋을 때다. 문득 내 자화상이 궁금해졌다. 시시때때로 변해온 나의 모습들이 주마등처럼 스쳐간다. 한 마디 글로써, 한 폭의 그림으로써 다 그릴 수 없는 자화상임이 분명하다. 지금까지 나의 멘탈공장, 생리운동과 생화학공장이 정상적으로 작동되고 있고, 수년간 덜어낸 배둘레햄 없는 날씬한 몸매도 잘 그려낼 수 있을까.

멋진 삶을 살아낸 인생선배들의 노정을 보니 감동이다. 나도 노력하면 멋진 사랑으로 수놓인 아름다운 생을 살아갈 수 있을까? 내 인생길은 가늠할 수 없는 오리무중이었고 좌충우돌이었다. 매일매일 그려내는 순간의 자화상이 모여 인생의 마지막 시점에 화양연화, 소풍여행을 수놓는 나의 자화상을 그려내고 싶다.

내 정신의 작동이 멈추는 순간까지, 내 호흡의 마지막 숨까지 품위 있게 살아내는 것, 사랑의 작은 핏덩이가 세상에 태어났고, 즐겁게 사랑하며 행복하게 살다가 하늘나라로 날아가고 싶은 꿈, 나의 쎄라비(C'est la vie)다. 세상을 마감하는 날 사랑받은 모든 이에게 웃음꽃을 한아름 안겨주는 자화상을 꿈꾸고 있는 나는 아직도 영~철이 없는 건가요.

       2024년 푸른 기적 같은 순간들의 삶
         道雨 이영철

차례

제1부 _ 화양연화 花樣年華

자화상 _ 13
연생자 _ 14
핑~ 퐁~ _ 15
늘 _ 16
어버이날 _ 17
에어팟 _ 18
화양연화 _ 19
아침마다 _ 20
똥이 _ 21
할매들이 _ 22
글과 그림 _ 23
핸드폰 _ 24
니 얼마 만에 보노 _ 25
월드 비전 _ 26
낭만 왕자 _ 27
마라톤 _ 28
은혜 _ 29
나는 본다 _ 30

제2부 _ 오리무중五里霧中

출세 _ 33
순이 _ 34
여름이면 날마다 _ 35
도시락 _ 36
충성! _ 37
풋사랑 _ 38
오리무중 _ 39
눈 오는 날 _ 40
비무장지대 _ 41
황금박쥐 대대장 _ 42
야간사격 _ 43
순찰 _ 44
오리 궁디 _ 45
똥타워 _ 46
팔도 사나이 _ 47
십자가 _ 48
내비 둬 _ 49
비 _ 50

제3부 _ 좌충우돌左衝右突

나는 _ 53
어제 _ 54
부부란 _ 55
그대 _ 56
푸른 시절 _ 57
7080 _ 58
낭만대학 _ 59
좌충우돌 _ 60
세상 _ 61
돌아보니 _ 62
미친 듯이 _ 63
사랑이란 _ 64
내 마음 _ 65
벚꽃 _ 66
결혼 _ 67
제자라면 _ 68
무無 _ 69

제4부 _ 소풍여행消風旅行

봄 _ 73

보너스로 _ 74

초록꿈 _ 75

기드온교회 _ 76

성지순례 _ 77

카미노 데 산티아고 _ 78

소풍여행 _ 79

퀘벡의 밤 _ 80

친구 왈 _ 81

구채구 _ 82

두바이 _ 83

피오르드 _ 84

브라이스 캐니언 _ 85

앤텔로프 캐니언 _ 86

모뉴멘트 밸리 _ 87

아담처럼 _ 88

인생여행 _ 89

【작품해설】
　　인생의 한 시점에서 자화상을 그리다 _ 91

제 1부
화양연화 花樣年華

자화상

나를 그려보고 싶은 마음
갑자기 생겼다
어떻게 그릴까
어떤 색을 칠할까

하지만 내 마음 그릴 수 없어
글로써 나의 그리움을 그린다
하지만 다 그려낼 수 없을 미완성 그림

연생자

젊은 시절부터 넣은 기금이 쌓여
연생자가 되었습니다
매달 나오는 연금으로
가족과 이웃과 함께 밥도 먹고 차도 마시고
너무 기쁘고 환한 날들입니다

죽는 날까지 건강하도록 적절하게 먹고, 자고,
　운동하며
내 가족과 이웃의 행복환경이 되렵니다.

핑~ 퐁~

죽이 맞아야 꿀잼
주고받는 너스레가 오래가야 꿀꿀잼
2.7g의 탁구공이 그네를 뛸 때마다
눈과 손, 다리도 공을 따라 춤춘다
너는 핑~ 나는 퐁~

죽이 찰떡같이 맞아야 재미가 샘솟는
핑~ 퐁~ 사랑게임

늘

그래왔듯이
산다는 것은
한 모금 물을 마시는 것
목마름으로
그대를 보며 살아가는 것
물 한 모금 사랑

그대 마시지 않으면 나는 죽는다.

어버이날

최고의 선물은 무엇인가요?
맛있는 밥 먹고, 두둑한 용돈과 함께 이벤트 …
딸로부터 온 나의 칭찬 21가지
멋있다, 남을 배려한다, 가정적이다 등등
폼나는 사진과 함께 태평양을 건너온 딸의 예쁜 손편지

'우리 아빠, 우리 엄마가 세상에서 제일 최고'
찡~한 감동입니다.

에어팟

젊은 놈들의 상징
으스대며 폼을 내길래
나도 귀가 있잖아
폼나네 편하네
소리가 예술이네

와이어리스 세상
기똥차다.

화양연화

지금 나는 인생을 즐기는 화백이요
화양연화입니다
언제는 화양연화 아니었던가요

마음먹기 따라 지옥도 천국이 되고
늙은이가 젊은이도 되고
갈수록 빛이 나고
값비싼 골동품도 됩니다.

아침마다

단톡에 소식을 올리는 친구
고맙고 감사하다
성가시고 힘들 텐데
정이란 하루아침에 불쑥 생기는 게 아님을
시간을 바치고 마음을 심고 물을 주어도
겨우 필까 말까한

불가사의 꽃

똥이

경이로운 것은
생화학공장이 정상적으로 작동된다는 사실
만약에 똥이 생산되지 않는다면
모든 생명은 끝난다
아침마다 큰일을 볼 수 있는 것
축복이고 감사다

매일 아침 신비로운 그대에게 박수를

할매들이

우스개를 하고 있다

듣지 않으려고 해도

귀에 와 떠억 박히는 소리

70엔 영감이 있는 년이나 없는 년이나

80엔 돈이 있는 년이나 없는 년이나

90엔 산에 있는 년이나 집에 있는 년이나

또옥 같단다, 하하하 하하 하

글과 그림

그리움이다

인간만이 그리움을 끄적이며 산다

인간만이 그리움을 색칠하며 산다

순수한 그리움

화려한 그리움

복잡한 그리움

생이란 캔버스에 펼쳐내는 나만의 서사시

핸드폰

아침마다 카톡~ 노래를 들으며
하루를 시작합니다
중요한 것도, 아닌 것도 있지요
댓글을 달기도 하고 때로는 무시도 하면서

손안의 핸드폰 나의 소우주
꿈도 꾼 적 없던 세상
이 손안에 있소이다.

니 얼마 만에 보노

까까머리였던 중학교 동창들이
하얀 백발을 휘날리며
'일순간에 반세기가 흘렀다, 그자' 한다

우리 철없던 날에
순수한 갬성만으로도 많이 행복했었지
살아남아 있음에 고맙다, 친구야
다시 만날 수 있음에 사랑한다, 친구야

월드 비전

세상에 작은 보람으로
기여할 수 있는 날이 오기를 기도했었다
세상의 아이들을 향해 작은 사랑의 씨앗을
월드 비전에 심은 순간

내 삶은 몰라보게 풍요해졌다
내가 월드 비전을 사랑한 게 아니라
월드 비전이 나의 복의 통로가 되었다.

낭만 왕자

너도 아니고 그들도 아닌

오직 한 사람

유일하고 독특한 존재

유전과 환경의 상호작용이 빚어낸

때론 영~철이 없지만

멋진 삶을 노래하고 싶은

마음만은 늘 낭만 왕자

마라톤

인생길이다
제31회 경주벚꽃마라톤대회
모두가 내리막과 오르막을 달려서
쌕쌕거리며 결승선을 향해

때로는 환한 벚꽃처럼
쉬어가도 좋음을 알게 해주는
허파꽈리 터지는 환희의 길

은혜

모든 것이 은혜이다
이리 보아도 그 분의 인도하심
저리 보아도 그 분의 사랑하심

때로는 힘들었지만 여기까지 온 것
푸른 기적 같은 순간들을 살아온 것
그 분의 십자가 사랑
그 은혜를 빼놓고 말할 수 없다.

나는 본다

내 앞날이 어떻게 마감될지를
한순간에 해체될 내 영혼과 육체
살아 있는 순간이 기적이라 생각하며
늘 감사, 또 감사생활을 할 작정이다
내 사랑을 진솔하게 표현하면서

그 날이 오면 깃털처럼 가볍게 날아올라
저 멋진 천국으로 여행을 떠나리라

제 2부
오리무중五里霧中

출세

즐거운 사랑으로 꿈알이 태어나
부모님은 환하게 웃음꽃을 피웠다
슬픔과 환희, 괴로움과 즐거움
약함과 강함, 미움과 사랑
혼돈의 긴 동굴을 빠져나와

어우러지고 아우러져서
지금의 나 세상에

순이

옆집에 살던 순이
소꿉놀이에 늘 나의 색시였던 가시나
그 가시나 할매되고 나도 머리 하얀 할배됐다
같은 하늘 밑에 살아도
길이 달라 소문도 닿지 않더니
홀연히 그 가시나 하늘나라 갔단다

무엇이 그리 급해서

여름이면 날마다

소를 몰고 산으로 갔었지

친구들과 함께 저수지에서

헤엄도 치고 물뱀도 사냥하면서

때로는 오~다리 하면서

왕잠자리도 수없이 잡아 하늘로 보냈지

이젠 기억에도 먼 그날들의 추억들

지금의 아이들에겐 상상 밖의 먼 나라 이야기

도시락

큰 도시락 두 개나 싸다니던 고등학교 시절은
돌멩이도 소화할 위장이었나
왜 그땐 한 시간만 지나도
다들 도시락을 까먹었지

흙먼지 폴폴 날리던 농구장에 물 뿌려가며
라면땅 내기하던 그날이 어제 같네
공부는 뒷전, 도시락만 까먹고

충성!

우리학교 교련 선생님 별명이
계급에 따라 올챙이 개구리 두꺼비
누가 별명을 지었는지
지금 생각해도 아이디어 무궁무진
기가 차고 코가 맥힌다

개구리복에다 총을 들고
무얼 안다고 구호 붙이며 '충성!' 했나

풋사랑

아스라한 연무가 산자락을 덮을 즈음
두툼한 입술이 뜨겁게 다가왔지
하얀 달과 푸른 구름이 춤추던 밤
풋사과처럼 설익은 사랑은
황홀한 생채기를 남기고 홀연히

살았는지 죽었는지 불현 듯
풋사랑이 아스라이 떠오른다.

오리무중

앞이 보이지 않아 희뿌연 세상
노란 등대는 외출하고 돌아오지 않으니
저 안개 속을 헤쳐 나갈 수 있을까

조금씩 힘내서 걸어가 보자
노란 등대가 돌아와 불 밝힐 때까지
보이는 세상도 힘겨운 날
오리가 무 밭에서 중심을 잃다.

눈 오는 날

인제 가면 언제 오나

원통해서 못 살겠네

원통에서 원산가는 유일한 도로 위에

하염없이 굵은 눈발이 휘날린다

후방에선 낭만의 눈

전방에서 전투적으로 치워야 하는 눈

새벽부터 총 대신 눈 가래를 들고 전쟁을 하러 나선다.

비무장지대

지뢰의 두려움이 엄습해서
지뢰 탐침조는 앞으로 나아가지 못한다
30년이 지난 세월에도
말짱한 얼굴을 내미는 미군들의 시레이션 봉다리
장렬히 전사한 국군장병들의 뼈들이
살아 벌떡 일어서는 순간

묵념으로 그때의 상처를 싸매어 보지만

황금박쥐 대대장

한 밤중에 예고도 없이 나타나는
황금박쥐 대대장
오밤중에 철책선을 들쑤시고 다니네
저러다가 경계병이 총 쏘면 어쩔라고
목숨이 두 개는 아닐 텐데

적들은 넘어올 기척도 없는데
우리보고 '결사대대'라며 으름장을 놓는다.

야간사격

칠흑 같은 밤에 총을 들고 눈을 비비며
전쟁의 승패는 야간사격이 좌우한다면서
전선의 까만 밤 풀벌레 소리만 가득한데
갑자기 산천을 울리는 요란한 사격소리

손전등을 켜고 점검하는 순간
날마다 들쭉날쭉하는 타켓점수에
보이지 않는 적들을 잡을 수 있을까 하는 헷갈림

순찰

전령과 함께 순찰을 나선다
흐드러지게 핀 저 달맞이꽃 오늘따라 더 슬프다
소양강 푸른 물결위엔 하얀 달빛이 흐르고
철책 앞에 숨어있는 빨간 눈빛들이 없는지
5만 촉광의 다이아몬드 레이저를 쏘다

정적만 흐르는 달 밝은 전선의 늦여름 밤
평화롭게 춤추는 노루들만 순찰하고 돌아온다.

오리 궁디

바지를 삐져나올 듯 탱탱한 궁디
푸른 시절엔 왠지 부끄
나이 들어 그 시절 그립고만
아무리 운동해도 엉성한 빵디

아, 옛날이여!
돌아갈 수 없는 내 노년의 로망
푸른 시절의 오리 궁디가 하 그리워

똥타워

영하 30도가 넘는 추위엔

똥은 퍼질 새도 없이 얼어붙는다

시간이 흐르면 흐를수록 솟아오르는 똥타워

삐죽이 얼굴을 밀고 올라오는 그대

전쟁이 시작됐다

똥타워가 똥고를 찌르지 못하게

봄이 오기까지 전쟁은 끝나지 않는다.

팔도 사나이

생명수당 80원에 내 젊음의 피가
녹 슬은 철책선에 소리 없이 흐른다
깊은 산골과 한 뼘 작은 하늘만 보이고
위장을 하고 출몰할 귀신같은 적들을 향해
경계의 눈초리 매 눈처럼 삼엄하다

생사를 같이 할 전우들
우린 팔도 사나이

십자가

살다보면 간혹 힘이 부칠 때가

있는 것이 인생이겠죠

조건 없이 사랑하라는 말

가슴에 와 닿다가도

현실에서 공허한 메아리가 되는 것이

너무나도 당연한 일이지만

예수는 죽음의 십자가를 선택했습니다.

내비 둬

간혹 삶에서 와 닿는 말입니다
고치려 하지 말고 받아 들여라
틀린 게 아니라 다른 것이다
나와 코드가 통하지 않는다고
괄호 안에 넣지 말아라

정 마음에 들지 않는다면 그냥 내비 둬도
세상은 아무 일 없는 양 잘도 돌아갑니다.

비

비가 내린다
생명이 하늘에서 내린다
은혜의 촉촉함으로 다가서는
그대를 보면서도
감사함을 모르는 우리는
사막의 심장을 가졌다.

비가 없으면 모든 게 사막이다.

제3부
좌충우돌左衝右突

나는

누꼬?

와?

머 할라고?

그 날을 향해 바람처럼

날아 왔제?

보이지 않는 것을 잡으려고

수많은 허파꽈리 터트리며

어제

오늘

내일

삶의 나이테에 주렁주렁 매달린

그대들을 헤아리며

후회도 하고

기뻐도 하며

쎄라비(C'est la vie)를 외치다.

부부란

아웅다웅 사는 것

알콩달콩 사는 것

내 적이다 싶었는데 네 편이 되어가는 것

긴 시간여행을 함께 하면서 동고동락으로 얼룩진 길

짠하기도 하지만

그대가 있어 아름다운

한 폭의 사랑화

그대

재미있소?
젊을 땐 몰랐던 사실
나이가 들어야 와 닿는 지혜
많이 논 놈이 최고다
많이 사랑한 놈이 최고다

가슴이 아무리 뛴들
다리가 무너지면 끝

푸른 시절

무엇이 중요한지

보이지도 않았고

들리지도 않았고

이제 조금 알만하니

백발이 주름이 가로막고

그 뜨겁던 심장의 열정은

어디 가서 찾을까

7080

우린 온갖 똥폼을 잡았지
TIME지를 뒷주머니에 쑤셔 넣고
캠퍼스 잔디밭에서 포크송을 부르며
남녀 서로 손을 맞잡고 춤을 추었지

음악다방에 죽치고 앉아
리퀘스트 뮤직을 그녀에게 날리며
말도 안되는 사랑의 새끼줄을 꼬았지

낭만대학

대학의 페스티발

우린 파트너를 찾으려

용감하게 헌팅을 시도했지

장발 단속을 피하며 동성로를

요리조리 숨어 다니며

퀸카를 찾으려 정신없이 돌아다녔지

요즈음 세상엔 낭만대학은 없지

좌충우돌

뾰족한 돌 한 개가 태어났습니다
고향을 찾는 저 연어들처럼
강을 거슬러 올라 가기는 힘들겠지요
비가 내리면 강물에 휩쓸려
좌충우돌 부딪치며
아픈 노래를 부르겠지요

결국엔 동글동글한 몽돌이 되겠지요

세상

내 뜻대로 아니라
지 뜻대로 춤을 추며 갈지라도
나는 우리는
무엇이 진정한 삶인지
우정인지
사랑인지

한 숨 고르며 쉬어가야 한다.

돌아보니

격동의 세월을 헤쳐 나왔다

소 몰고 농사 짓던 유년의 날들

큰 굴뚝의 풍경화가 있었던 학창시절

제3물결의 파도가 넘실대던 직장시절

AI가 대세인 지금의 은퇴생활

미래엔 또 어떤 상상도 못할 것들이

귀신처럼 나타나 우리 모두를 흔들어댈까

미친 듯이

책을 읽던 적이 있었다
이젠 마음만큼 눈이 따라가지 못한다
마음의 눈으로 읽어보지만
중간 중간 긴 쉼이 필요하다
책속에 숨어있던 많은 길들이
삶의 이정표

이젠 책 숲속으로 천천히 산책을 할 때

사랑이란

모름지기

주고도 기뻐야만 하는 것인데

눈곱만큼 베풀고도

자랑질하고 뻐기고 싶은

요놈의 속물사랑

얇은 사랑의 붓 터치로 그려내는

풋 익은 생색화

내 마음

나도 모르겠다
하물며 넌들 어찌 알겠느냐
시시때때로 갈피 못 잡는
미친 봄바람처럼
온탕과 냉탕을 오가는
자기통제 안 되는 대략난감

상전처럼 모시면 연인이 될까나

벚꽃

차라리 꽃망울이 피기를
기다리는 순간이 가슴 뛴다
화산처럼 폭발할 땐
모두가 정신줄을 놓아버린다

꽃비로 날리는 수성못 벚꽃
덧없는 사랑파티
사랑의 흔적만 새겨지는 젊음이 빠르게 흘러간다.

결혼

모두가 득보려고 욕심저울을 갖고
달려드는 이기적인 세상논리에
자유로운 꿈을 꾸어 왔지만
그 저울귀신이 내 머릿속을 마구 들쑤시네

저울추보다 무거운 욕심들을 살짝 들어내자
사랑 많고 건강한 게 최고의 배우자지
그 이상 뭐가 더 필요해

제자라면

긴 세월 그의 제자라고 떠들어왔다
분식집 개도 3년이면 라면 끓인다던데
나는 아직도 그를 1도 안 닮았다
곰곰 생각해 보니
뜨거운 가슴으로 사랑하지 않고
차가운 머리로만 사랑한 거야

제자라면 삶기는 요원할세

무無

무라는 화두 무섭다

덜어내서 가벼워

민들레 홀씨처럼 되는 것

마음은 원이로되

절대 실천 안되는

공즉시색空卽是色

저 세상에 가야 이룰 수 있는 꿈

제4부
소풍여행消風旅行

봄

나폴 거리며 살포시 봄이
아가씨의 집시치마에 내려앉는다
집시치마의 꿈은 무얼까
나비처럼 날아 무릉도원으로 여행가는 것일까
거기서 멋진 임이랑 행복을 꿈꾸고 사는 것일까
집시처럼 무한자유를 꿈꾸는 아가씨

햇살 눈부신 봄날 많이 부럽다.

보너스로

강의하러 학교에 왔다

배시시 웃는 여학생이 예쁘다

살갑게 구는 남학생도 귀엽다

젊을 땐 느껴보지 못했던

순수한 감정들이 캠퍼스 나뭇가지에

4월의 벚꽃처럼 환하게 폈다

벚꽃 이파리처럼 날리는 내 인생의 보너스

초록꿈

4월 17일 대구서 전주로 버스를 타고
4월 17일 전주서 대구로 버스를 타고
차창 밖에 펼쳐지는 녹색들의 향연을 본다

산과 들은 미묘한 녹색물감들을 마구 풀어내어
온 대지를 초록초록 물들이고 있다
겨우내 앙상했던 나뭇가지에도
초록꿈들이 넘쳐나고 있다.

기드온교회

6평 남짓한 기드온교회가 있었지
내 머리로는 이해되지 않은 심심산골
철책선 저 너머 북한주민들 보라고
푸른 종소리를 울렸지

주일마다 드리는 우리 소대 예배는
천사들이 받들어 하늘나라로 여행을 갔고
저 너머 사람들은 모르지만 우리들의 시간은
　행복했었지

성지순례

예수님을 따라 걷는 예루살렘 사랑길

베드로를 따라 걷는 로마 십자가길

야고보를 따라 걷는 산티아고 조가비길

예수의 작은 제자라도 되려면

제일 먼저 선택해서 가봐야 할 성지순례

내 머리 속에 갇힌 우물안 예수를 해방시키고 싶다면

Why not?

카미노 데 산티아고

산티아고를 향해 걷는 길은
저 마다 소원의 촛불이 다르지만
산을 넘고 평원을 지나
콤포스텔라 밤하늘에 쏟아져 내리는
반짝이는 수많은 별들 속에서

모두가 감격으로 가슴을 열고
치유와 사랑의 기쁨을 잉태하는 길

소풍여행

봄바람 따라
세상의 많은 곳 기웃거리며
소풍여행을 다녔습니다
낯선 풍경 낯선 문화
인생의 별미였습니다

겨울바람 모질게 불기 전
소풍여행에 목메달 걸어야겠습니다.

퀘벡의 밤

사랑하는 사람과 함께

눈 내리는 퀘벡의 밤거리를 걸으며

눈처럼 순백한 친구와 함께

아이스 와인 한잔으로 이야기꽃을 피우며

사랑과 우정을 노래부른다

겨울밤은 서서히 추위에 익어가지만

거울같은 마음엔 사랑과 우정이 향기처럼 핀 밤

친구 왈

법준사를 차려 동안거에 들어갔다고
토론토에 사는 친구가 카톡을 날렸습니다
한때는 기독교 미션스쿨에도 다니고
가톨릭에도 심취했던 친군데
집 도서관, 도서관 집하며 세월을 낚고 있다네요

친구 왈 이제 교회졸업하고 자기 절로 오라네요
농담 속 진담이 어렴풋하지만 교회는 졸업이 안
　　되잖아요

구채구

메르스를 뚫고 찾아간 구채구는
하늘아래 가장 아름다운 선경
삼천 미터 넘는 고원에 긴 바다가 누워있고
수정처럼 맑은 오채지엔 에메랄드보석 눈부시게
   깔렸네

장족의 전통의상을 입고 호수를 거니니
나와 구채구가 물아일체이네
수정폭포와 낙일랑폭포의 물소리는 천상의 합창일세

두바이

사막의 신기루
두바이 프레임에 인증샷을 남기고
최고층 부르주 칼리파를 보며
불가사의 속으로 여행을 떠난다

밤마다 펼쳐지는 두바이 분수쇼는
판타스틱! 와우! 그 이상 표현하기 어렵네
두바이 몰 베란다 레스토랑에 앉아
친구들과 함께 행복포만감을 건배 또 건배

피오르드

송네 피오르드를 엉덩이에 깔고
서서히 펼쳐지는 좌우 풍경을 보며
감동을 넘어 오줌을 지릴 것 같습니다
플름에서 뮈르달까지 달리는 산악열차는
비경을 넘나드는 환상열차입니다

인생의 한 점에 친구들과 함께
꿈속을 다녀온 피오르드 여행

브라이스 캐니언

언덕 위에 올라 멀리 가까이 펼쳐진
형언할 수 없는 풍경을 본다
자연은 위대한 조각가임이

거대한 파노라마 속엔
신비스런 전설 이야기로 가득 찼네
속살을 보려고 내려서는 순간
토르의 망치가 살짝 흔들리고 있다.

앤텔로프 캐니언

차원이 다른 땅속 황홀경

나바호의 지하속에 숨어 있는 보물

성난 빗물이 붉은 사암을 조각해 만든

지하속 붉은 불가사의 세계

군데군데 뚫린 하늘창을 통해

어퍼와 로우 캐니언을 영접하는 순간

심쿵 심멎

모뉴멘트 밸리

콜로라도 고원에 우뚝 솟은 미튼
수많은 서부영화 속 배경 모뉴멘트 밸리
흙먼지 폴폴 날리며 역마차를 타고
주인공 되어 포토존에서 폼을 잡다

더뷰호텔에서 쏟아지는 별들을 보며
장엄한 일출의 광경을 보며
영화속 주인공처럼 여행의 기념비를 세우다.

아담처럼

갑자기 세상과 이별하는 친구가
주위에 하나 두울 늘어가고 있다
성장하는 자녀에겐 하늘이었고
사랑하는 아내에겐 살뜰한 버팀목이었고
친구들과 멋진 우정을 나누었을 텐데

아쉽고 슬프지만 명백한 인생여행의 진리
'우리 모두는 죽는다', 아담처럼

인생여행

내가 살아가는 거 내가 아니라
나를 응원해주고 기도해주는 마음
선한 마음들이 있기에 가능하지
나의 존재를 확인시켜 주는 것
나를 사랑해 주는 내 이웃이 있기에

사랑은 너나들이, 우분투
혼자선 절대 생의 여행을 헤쳐 나갈 수 없다.

【작품해설】

인생의 한 시점에서 자화상을 그리다

화양연화花樣年華

　오래 사는 세상이 되었다. 인간의 수명이 급속도로 늘어나 120세를 사는 세상이 곧 닥친다고 말하고 있다. 생명공학과 의술이 발전되어 우리 몸속을 들여다보며 생명을 연장시키고 있다. 행복하게 오래 살 수 있다면 얼마나 좋을까?

　살다보니 어느새 70년을 살아왔다. 긴 세월임에 틀림없다. 우리 아버님은 건강하게 95세까지 사시다가 하늘나라로 가셨다. 내 꿈도 우리 아버지처럼 건강하게 사는 것이다. 철학자 김형석 교수님께서 인생의 황금기는 65세부터 75세까지라고 말씀하신다. 하지만 김교수님은 104세이신 데도 글도 쓰시고 강연도 하러 다니신다. 정말 장수하는 세상이 되어가고 있다.

　나는 인생황금기의 정점을 지나고 있다. 황금기를

넘어 건강하게 살 수 있다면 덤으로 주어진 인생보너스가 될 것이다. 한때는 앞이 캄캄했고 때로는 좌충우돌하면서 지금의 시점에 서 있는 나의 자화상을 갑자기 그려보고 싶어졌다.

> 나를 그려보고 싶은 마음/갑자기 생겼다/어떻게 그릴까/어떤 색을 칠할까
> 하지만 내 마음 그릴 수 없어/글로써 나의 그리움을 그린다/ 하지만 다 그려낼 수 없을 미완성 그림
> ― 졸시 「자화상」 전문

나의 자화상은 미완성이다. 계속 발전되고 멋지게 변해 가리라 믿어본다. 미래 인생의 한 시점에서 또 그리게 될 나의 자화상을 꿈꾸어 본다. 무엇을 먹을까 크게 걱정할 일도 없다. 책임감으로 무엇에 매달릴 일도 상대적으로 많이 적어졌다. 건강관리만 잘 한다면 지금 이 순간들이 나의 화양연화가 아닐까.

> 지금 나는 인생을 즐기는 화백이요/화양연화입니다/언제는 화양연화 아니었던가요
> 마음먹기 따라 지옥도 천국이 되고/늙은이가 젊은이도 되고/갈수록 빛이 나고/ 값비싼 골동품도 됩니다.
> ― 졸시 「화양연화」 전문

생각해 보니 지금만 화양연화가 아니었다. 힘든 시기도 즐거운 시기도 모두 마음먹기에 따라 화양연화가 될 수 있구나 하는 깨달음을 얻는다. 그럼 앞으로 남은 인생의 모든 순간이 마음먹기에 따라 화양연화가 되겠구나. 세월이 갈수록 빛나는 골동품처럼 말이다.

세상이 그 어느 때보다 편리해 졌다. 세상의 모든 정보를 우리 손가락 끝으로 접속할 수 있게 되었다. 지구상에서 일어나는 모든 일들을 실시간으로 보고 느끼며 살아가고 있다. 집에서 쇼핑하고 주문하면 모든 물건이 쏜살같이 택배 된다. 이런 세상을 살줄을 어릴 때는 꿈도 못 꾸었다. 불가사의한 세상에 살고 있음이 틀림없다.

손안의 핸드폰 나의 소우주/꿈도 꾼 적 없던 세상/이 손안에 있소이다.
― 솔시 「핸드폰」 부분

인생길은 마라톤이다. 모두가 인생의 내리막과 오르막을 섞어서 결승선을 향해 달려간다. 치열한 마라톤이지만 때로는 쉬어가야 한다. 그래야 끝까지 잘 달릴 수 있고 인생의 풍요를 경험할 수 있으며 행복포구에 안착할 수 있다. 그러기 위해서 너무 아웅다웅 인생을 살 필요는 없다. 이웃에게 작은 손길도 내밀어 보자. 작은 손길은 나에게 더 큰 복으로 남는 장사를 하게 해준다.

> 때로는 환한 벚꽃처럼/쉬어가도 좋음을 알게 해주는/허파꽈리 터지는 환희의 길
> ─졸시 「마라톤」 부분

> 내 삶은 몰라보게 풍요해졌다/내가 월드 비전을 사랑한 게 아니라/월드 비전이 나의 복의 통로가 되었다.
> ─졸시 「월드 비전」 부분

남자는 철 들면 죽는다는 말이 있다. 힘들겠지만 그래도 여유를 가지고 낭만을 노래할 수 있는 생을 설계해 보자. 이 시대에 낭만이라는 단어는 듣기 어려운 단어가 되었다. 그래도 멋을 부리고 나름 독특한 취향을 나타내어 낭만 왕자가 되어 보는 것도 나쁘지는 않으리라.

> 때론 영~철이 없지만/멋진 삶을 노래하고 싶은/마음만은 늘 낭만 왕자
> ─졸시 「낭만 왕자」 부분

내가 지금 나름대로 화양연화의 시절을 보낸다고 하는 것은 내 혼자만의 힘으로 이루어지지 않았음을 고백한다. 돌아보니 많은 것이 그 분의 임재가 있었음을 언급하지 않을 수 없다. 힘들고 어려울 때마다 간절히 그

분께 기도를 올렸고 그 분은 미약한 나에게 지혜와 은혜로 나를 인도하셨다.

> 모든 것이 은혜이다/이리 보아도 그 분의 인도하심/
> 저리 보아도 그 분의 사랑하심
> 때로는 힘들었지만 여기까지 온 것/푸른 기적 같은 순간을 살아온 것 /그 분의 십자가 사랑/그 은혜를 빼놓고 말할 수 없다.
> ─ 졸시 「은혜」 전문

오리무중五里霧中

내가 어릴 때 우리 사회는 순수한 농업사회나 다름없었다. 지금과 같은 4차 산업이라든가 AI 세상이라는 말은 상상도 해본 적이 없었다. 그만큼 순수했고 오직 자연 속에서 자연과 함께 살아가고 있었기 때문에 앞으로 펼쳐질 날에 대한 어떤 비전이나 어떻게 살아가겠다는 구체적인 생각을 전혀 하지 않았다.

> 소를 몰고 산으로 갔었지/친구들과 함께 저수지에서/헤엄도 치고 물뱀도 사냥하면서/때로는 오~다리 하면서/왕잠자리도 수없이 잡아 하늘로 보냈지
> ─ 졸시 「여름이면 날마다」 부분

중학교 시절과 고등학교 시절도 우리 사회가 어떻게 변해갈지 모르기는 마찬가지였다. 농업사회에서 산업사회로 이동하기 시작하였고 인구도 자연적으로 농촌에서 도시로 크게 유입이 되고 있었다. 나도 그 이동인구 속의 한 사람이었다. 시골에서 도시로의 이주는 나를 힘들게 했다. 모든 일들이 복잡해졌고 학교에 다니는 학생들의 수도 몇 배나 많아졌다. 간첩들이 남하해서 우리 사회를 어지럽게 했다. 그래서 고등학생 때는 교련복을 입고 군사훈련을 하지 않을 수 없었다.

개구리복에다 총을 들고/무얼 안다고 구호 붙이며
'충성!' 했나
―졸시 「충성」 부분

대한민국 사람이라면 누구나 국방의 의무를 다해야 했다. 군대에 가는 일이 선택이 아니라 필수사항이었다. 다행이 운이 좋아서 대학생이 되었고 나는 예비역 장교후보생 훈련(ROTC)을 마치고 무사히 장교로 임관할 수 있었다. 동부전선의 최전방에서 2년 동안의 군복무 생활은 나를 힘들게 했고 앞으로 나는 어떻게 살아야 하나를 고민하게 했다.

전령과 함께 순찰을 나선다/흐드러지게 핀 저 달맞이꽃 오늘따라 더 슬프다/소양강 푸른 물결위엔 하얀 달빛이 흐르고/철책 앞에 숨어있는 빨간 눈빛들이 없는지/5만 촉광의 다이아몬드 레이저를 쏘다
정적만 흐르는 달 밝은 전선의 늦여름 밤/평화롭게 춤추는 노루들만 순찰하고 돌아온다.

— 졸시 「순찰」 전문

칠흑 같은 밤에 총을 들고 눈을 비비며/전쟁의 승패는 야간사격이 좌우한다면서/전선의 까만 밤 풀벌레 소리만 가득한데/갑자기 산천을 울리는 요란한 사격소리
손전등을 켜고 점검하는 순간/날마다 들쭉날쭉하는 타켓점수에/보이지 않는 적들을 잡을 수 있을까 하는 헷갈림

— 졸시 「야간사격」 전문

생명수당 80원에 내 젊음의 피가/녹 슬은 철책선에 소리 없이 흐른다/깊은 산골과 한 뼘 작은 하늘만 보이고/위장을 하고 출몰할 귀신같은 적들을 향해/경계의 눈초리 매 눈처럼 삼엄하다

— 졸시 「팔도사나이」 부분

중등학생시절에는 이성에 눈을 뜨는 사춘기 시절이다. 지금처럼 성교육이나 성에 대한 매체들이 거의 없

었다. 그래서 성에 대한 정보는 카더라 뉴스나 이성에 일찍 눈을 뜬 친구들의 음화가 다였다. 그래도 더러는 사랑하는 여자 애인이 있는 친구도 있었다. 마음속으로는 저 여학생과 연애를 하고 싶지만 용기가 부족하여 감히 실행하지 못하는 경우가 더 많았다. 미성숙하기도 하였고 그 때의 상황이 지금과는 달라 이성에 대해 많은 방황을 하였다.

> 아스라한 연무가 산자락을 덮을 즈음/두툼한 입술이 뜨겁게 다가왔지/하얀 달과 푸른 구름이 춤추던 밤/풋사과처럼 설익은 사랑은/황홀한 생채기를 남기고 홀연히
>
> ―졸시 「풋사랑」 부분

서른 살이 되기 전에는 모든 것이 정해지지 않은 인생의 오리무중 시기였다. 어디서 누구를 만나느냐에 따라 자기 생의 진로가 결정되기 때문이다. 물론 내가 되고 싶은 나의 자화상이 없지는 않았다. 중학교 때는 분명하지는 않았지만 고등학교 생활기록부의 희망직업에 분명히 외교관이라고 써 놓은 것을 한참 후에나 발견하였다. 그러나 나는 외교관이 되는 절차를 밟지 못하였고 교사가 되어 학생들을 가르치는 교사자격증을 취득하였다.

앞이 보이지 않아 희뿌연 세상/노란 등대는 외출하고 돌아오지 않으니/저 안개 속을 헤쳐 나갈 수 있을까 조금씩 힘내서 걸어가 보자/노란 등대가 돌아와 불 밝힐 때까지/보이는 세상도 힘겨운 날/오리가 무 밭에서 중심을 잃다.
— 졸시 「오리무중」 전문

좌충우돌左衝右突

  직장생활을 하면서 힘들어도 참고 견뎌야 한다고 들었다. 그래서 직장 상사의 눈치를 보며 최대한 적응하려고 노력했었다. 그러나 내 앞날을 바라보는 순간 미래의 행복을 위해 내 생의 전환을 새로 시작하기로 결정하였다. 앞날을 보니 모두 불확실한 것으로만 가득 차 있었다.

  무엇이 중요한지/보이지도 않았고/들리지도 않았고/이제 조금 알만하니
— 졸시 「푸른 시절」 부분

내 뜻대로 아니라/지 뜻대로 춤을 추며 갈지라도/나는 우리는/무엇이 진정한 삶인지/우정인지/사랑인지 한 숨 고르며 쉬어가야 한다.
— 졸시 「세상」 전문

결혼을 했다. 가정을 꾸리고 한 가정의 가장이 되었다. 직장을 그만 둔 사람으로서의 삶이 녹록하지는 않았다. 그럼에도 불구하고 한 가지 꿈을 향해 매진할 수 있었던 것은 사랑하는 아내의 전폭적인 지원이 있었기에 가능했다. 그러나 사람의 마음은 수시로 변하는 것이 아니던가. 때로는 변심하는 나를 향해서도 묵묵히 살아내 준 그대가 있었기에 오늘의 내가 이렇게 멋지게 서 있다. 늘 고맙고 감사할 따름이다.

모름지기/주고도 기뻐야만 하는 것인데/눈곱만큼 베풀고도/자랑질하고 뻐기고 싶은/요놈의 속물사랑
얇은 사랑의 붓 터치로 그려내는/풋 익은 생색화
— 졸시 「사랑이란」 전문

나도 모르겠다/하물며 넌들 어찌 알겠느냐/시시때때로 갈피 못 잡는/미친 봄바람처럼/온탕과 냉탕을 오가는/자기통제 안 되는 대략난감
상전처럼 모시면 연인이 될까나
— 졸시 「내 마음」 전문

아웅다웅 사는 것/알콩달콩 사는 것/내 적이다 싶었는데 네 편이 되어가는 것/긴 시간여행을 함께 하면서 동고동락으로 얼룩진 길

짠하기도 하지만/그대가 있어 아름다운/한 폭의 사랑화
　　　　　　　　　　　　　　—졸시「부부란」전문

좌충우돌인 내 인생에 신앙생활은 하나의 올바른 이정표가 되었다. 매일 아침 그 분께 드리는 예배의 시간이 참으로 은혜로운 시간으로 다가왔다. 내 소원을 가지고 기도하면서 실행하기 위해 나는 최선의 노력을 다했다. 돌아보니 모든 것이 은혜이다. 하지만 아직도 나는 그 분의 사랑에 턱 없이 부족한 사람임에 틀림이 없다.

긴 세월 그의 제자라고 떠들어왔다/분식집 개도 3년이면 라면 끓인다던데/나는 아직도 그를 1도 안 닮았다/곰곰 생각해 보니/뜨거운 가슴으로 사랑하지 않고/차가운 머리로만 사랑한 거야
제자라면 삶기는 요원할세
　　　　　　　　　　　　　　—졸시「제자라면」전문

직장생활에서 전환은 나에게 큰 부담으로 다가온 것이 틀림없었다. 그럼에도 잘 전환하여 끝마무리를 잘 하게 된 것이 은혜이다. 또한 결혼생활도 오랜 기간 주말부부였음에도 크게 어려움 없이 잘 해낸 것 같아 다행으로 생각한다. 신앙생활도 나름 계획을 세우고 욕심

없이 한 것 같아 감사하다. 좌충우돌의 순간마다 나름 최선의 선택을 하고 집중하여 문제해결을 한 것이 나에겐 정말 행운이었다.

누꼬?/와?/머 할라고?/그 날을 향해 바람처럼/날아왔제?
보이지 않는 것을 잡으려고/수많은 허파꽈리 터트리며
— 졸시 「나는」 전문

격동의 세월을 헤쳐 나왔다/소 몰고 농사 짓던 유년의 날들/큰 굴뚝의 풍경화가 있었던 학창시절/제3물결의 파도가 넘실대던 직장시절/AI가 대세인 지금의 은퇴생활/미래엔 또 어떤 상상도 못할 것들이
귀신처럼 나타나 우리 모두를 흔들어댈까
— 졸시 「돌아보니」 전문

소풍여행消風旅行

나는 미래의 자화상을 멋있게 행복하게 그리고 싶다. 모든 일에서 사랑과 행복을 찾으며 내 가족과 이웃과 함께 웃으며 마지막을 장식하고 싶다. 매일의 삶이 소풍여행이 되었으면 좋겠다. 더 늦기 전에 세상의 많은 곳을 여행하고 싶다. 가슴이 아무리 뛴들 다리가 무너지

면 끝이다.

> 봄바람 따라/세상의 많은 곳 기웃거리며/소풍여행을 다녔습니다/낯선 풍경 낯선 문화/인생의 별미였습니다 겨울바람 모질게 불기 전/소풍여행에 목메달 걸어야 겠습니다.
> ― 졸시 「소풍여행」 전문

인생 버킷 리스트에 가능한 많은 곳을 여행하자는 소망을 담은 적이 있었다. 인생은 여름방학처럼 짧다는 어느 영화대사처럼 세월의 빠르기는 나이가 들수록 가늠하기 힘든 것이 사실이다. 국내외 많은 곳을 여행하였고, 아직도 생생하게 남아 있는 아름다운 추억들이 나의 생을 풍요하게 하였음은 말할 필요도 없다.

결혼 10주년 미국 동·서부 일주 여행, 결혼 20주년 유럽여행, 결혼 30주년 아프리카여행, 결혼 40주년 캐러비언 크루즈여행계획을 세운 적이 있다. 30주년 아프리카여행은 에볼라 바이러스로 실행하지 못하였지만 그 대신 시간 나는 대로 특히 여름방학을 이용해 나름 많은 곳을 여행하였다. 돌아보니 그 순간의 행복했던 순간들이 지금도 나와 가족의 행복 바이러스가 되고 있음은 부인할 수 없다.

> 예수님을 따라 걷는 예루살렘 사랑길/베드로를 따라
> 걷는 로마 십자가길/야고보를 따라 걷는 산티아고
> 조가비길
> ─졸시 「성지순례」 부분

> 산티아고를 향해 걷는 길은/저 마다 소원의 촛불이
> 다르지만/산을 넘고 평원을 지나/콤포스텔라 밤하늘
> 에 쏟아져 내리는/반짝이는 수많은 별들 속에서
> 모두가 감격으로 가슴을 열고/치유와 사랑의 기쁨을
> 잉태하는 길
> ─졸시 「카미노 데 산티아고」 전문

안식년을 맞아 아내와 함께 한 성지순례와 산티아고 순례길을 다녀온 것은 인생에서 경험한 색다른 여행이었다. 성경 속의 예수를 따라 가는 길은 사랑의 길이었고, 수많은 역사적 사실은 안개같이 희미한 내 신앙의 불분명했던 사실들을 박살내고도 남았다. 특히 부활절 기간에 비아 돌로로사 거리를 걸어갔던 그날의 감회는 지금도 나에겐 그 분의 사랑으로 눈물겹다.

한 달 동안 산을 넘고 평원을 지나 콤포스텔라 성당을 향해 걸어갔던 순례길은 치유와 회복의 길이었다. 수많은 마을과 성당, 그리고 세계 여러 나라 사람들과 만나고, 이야기 하고, 같이 걸으며, 잠자고, 가슴을 열고 나누었던 사랑의 순간들은 영원히 지워지지 않으리라. 우리는 많은 것을 버리고 단순하게 살 수 있다는 생각을 하였고, 때론 같이 때로는 오롯이 혼자서 가는 인생여행길을 깊이 음미하기도 하였다. 순례길을 걸은 후 세비야, 그라나다, 톨레도, 마드리드 등을 여행한 경험도 인생에 수놓아진 또 하나의 플라멩코 춤이다.

여름에는 북반구를 겨울에는 남반구를 여행하는 철칙을 세운 적이 있었다. 그러나 친구의 초대에 응해 하얀 겨울에 캐나다로 날아갔다. 어떤 환경에든 적응해 사는 인간들의 지혜에 실로 감탄하게 된다. 상상도 안 되는 아이스호텔에 들러 칵테일을 마시고, 눈 날리는 퀘벡의 밤을 걸으며 겨울여행의 묘미를 제대로 느껴 보며 상상의 나래를 폈다. 그 후 간이 커진 나는 겨울 북해도로 날아갔고 삿포르의 눈 세상에 푹 빠져 헤어 나올 줄을 몰랐다. 또한 메르스를 뚫고 감행한 구채구의 여행은 용감한 자만이 누리는 특별한 경험을 제공해 주었던 적이 있다.

> 사랑하는 사람과 함께/눈 내리는 퀘벡의 밤거리를 걸으며/눈처럼 순백한 친구와 함께/아이스 와인 한 잔으로 이야기꽃을 피우며/사랑과 우정을 노래부른다
> ─ 졸시 「퀘벡의 밤」 부분

메르스를 뚫고 찾아간 구채구는/하늘아래 가장 아름다운 선경/삼천 미터 넘는 고원에 긴 바다가 누워있고/수정처럼 맑은 오채지엔 에메랄드보석 눈부시게 깔렸네

— 졸시 「구채구」 부분

'세상은 넓고 할 일은 많다'라고 했던 어느 대기업회장 말이 새삼스럽게 떠오른다. 지금까지 여행하면서 내게 큰 나라로 비쳐진 나라는 미국, 중국, 그리고 호주이다. 세상은 넓고 가볼 데는 참으로 많은 것 같다. 딸의 힘을 빌려 미국의 중서부 그랜드 서클을 자유여행 할 계획을 세웠고, 옐로스톤 국립공원, 브라이스 캐니언, 자이언 캐니언, 앤텔로프 캐니언, 호스슈 밴드와 모뉴먼트 밸리를 돌아보는 3주간의 여행을 감행하였다. 자연의 광활함과 그 자연의 풍광이 주는 영감은 이 세상의 모든 언어로도 표현이 부족할 지경이었다.

차원이 다른 땅속 황홀경/나바호의 지하속에 숨어있는 보물/성난 빗물이 붉은 사암을 조각해 만든/지하속 붉은 불가사의 세계
군데군데 뚫린 하늘창을 통해/어퍼와 로우 캐니언을 영접하는 순간/심쿵 심멎

— 졸시 「엔텔로프 캐니언」 전문

콜로라도 고원에 우뚝 솟은 미튼/수많은 서부영화 속 배경 모뉴먼트 밸리/흙먼지 폴폴 날리며 역마차를 타고/주인공 되어 포토존에서 폼을 잡다
더뷰호텔에서 쏟아지는 별들을 보며/장엄한 일출의 광경을 보며/영화 속 주인공처럼 여행의 기념비를 세우다.
　　　　　　　　　—졸시 「모뉴먼트 밸리」 전문

한때 사막마라톤에 꽂혀 고비사막을 찾아간 적이 있었다. 사막이 보여주는 불가사의한 세계와 바람이 불러주는 사막의 신비한 노랫소리를 들으며 광활한 사막에 매료된 적이 있었다. 그래서 나미비아의 붉은 사막을 그리기도 했고, 현대판 신기루의 세계인 두바이를 친구부부들과 함께 여행을 했다. 모래사막 위에 상상이 안 되는 마천루와 풍요가 넘치는 두바이 몰, 인공섬 팜 주메이라 등은 인간의 한계를 시험하는 것처럼 보였다.

사막의 신기루/두바이 프레임에 인증샷을 남기고/최고층 부르주 칼리파를 보며/불가사의 속으로 여행을 떠난다
밤마다 펼쳐지는 두바이 분수쇼는/판타스틱! 와우! 그 이상 표현하기 어렵네/두바이 몰 베란다 레스토랑에 앉아/친구들과 함께 행복포만감을 건배 또 건배
　　　　　　　　　—졸시 「두바이」 전문

우리 모두는 인생여행자이고, 인생여행자의 종착지는 죽음이다. 어떻게 보면 우리는 죽음을 향해 달려가는 존재들인지도 모르겠다. 사람은 누구나 죽는다는 진리를 우리는 겸허히 받아들여야 할 것 같다. 그래서 살아 있는 순간 여행자로서 최선의 삶을 살아가려는 태도를 지니게 된다. 이 순간을 살아내는 것 또한 나 혼자 힘으로는 안 되는 일이다. 보이지 않는 곳에서 누군가 나를 위해 기도하고 있고 응원해주는 사랑의 기운으로 힘겨운 인생길을 넉넉히 걸어 갈 수 있는 것 같다. 나에게 조금이라도 걸을 수 있는 힘과 정신이 있다면 살아 있는 순간까지 열심히 보고 배우는 소풍여행자가 되는 게 나의 작은 소망이다.

아쉽고 슬프지만 명백한 인생여행의 진리/'우리 모두는 죽는다', 아담처럼
—졸시 「아담처럼」 부분

사랑은 너나들이, 우분투/혼자선 절대 생의 여행을 헤쳐 나갈 수 없다.
—졸시 「인생여행」 부분

자화상 49
이영철 제10시집

펴낸날 _ 1판 1쇄, 2024년 11월 5일

지은이 _ 이 영 철
발행인 _ 장 의 동
펴낸곳 _ 중문출판사

출판등록 _ 1985년 3월 9일 제1-84
주소 _ 대구광역시 중구 봉산문화길 70

ISBN _ 978-89-8080-651-5 03810

정가 _ 15,000원

* 이 책 내용의 전부 또는 일부를 재사용하려면 반드시 제작권자와 출판사
  양측의 서면 동의를 받아야 합니다.
* 잘못된 책은 바꾸어 드립니다.
* 저자와 협의하여 인지를 붙이지 않습니다.